EMPREENDER em 100 LIÇÕES

Mestres de todos os tempos dão dicas para sua empresa brilhar

Jonathan Yates

Caro leitor,

Queremos saber sua opinião sobre nossos livros. Após sua leitura, acesse nosso site (www.editoragente.com.br), cadastre-se e contribua com sugestões, críticas e elogios.

Boa leitura!

EMPREENDER em 100 LIÇÕES

Mestres de todos os tempos dão dicas para sua empresa brilhar

Jonathan Yates

Prefácio de Bob Wollheim
Tradução: Ingrid Nascimento de Aguiar
Revisão técnica: Renato Fonseca de Andrade

Gente editora

Gerente Editorial
Alessandra Johanna Gelman Ruiz

Editor de Desenvolvimento de Texto
Juliana Nogueira Luiz

Editor de Produção Editorial
Rosângela de Araujo Pinheiro Barbosa

Controle de Produção
Adriane Aoqui de Souza

Tradução
Ingrid Nascimento de Aguiar

Revisão Técnica
Renato Fonseca de Andrade

Preparação
Adriane Gozzo

Revisão
Adriana Parra

Projeto Gráfico e Editoração
ERJ Composição Editorial

Capa
Neide Siqueira

Impressão
Arvato do Brasil Gráfica

Título original: *All-time essentials for entrepreneurs.*

Rua Pedro Soares de Almeida, 114
São Paulo, SP — CEP 05029-030
Telefone: (11) 3670-2500
Site: http://www.editoragente.com.br
E-mail: gente@editoragente.com.br

Dados Internacionais de Catalogação na Publicação (CIP)
(Câmara Brasileira do Livro, SP, Brasil)

Yates, Jonathan

Empreender em 100 lições : mestres de todos os tempos dão dicas para sua empresa brilhar / Jonathan Yates ; tradução Ingrid Nascimento de Aguiar ; revisão técnica Renato Fonseca de Andrade. -- São Paulo : Editora Gente, 2010.

Título original: All-time essentials for entrepreneurs.

ISBN 978-85-7312-713-3

1. Administração de empresas 2. Empreendedorismo 3. Negócios I. Título.

10-08350 CDD-338.04

Índices para catálogo sistemático:

1. Empreendorismo em negócios : Economia 338.04

AGRADECIMENTOS

Este livro é dedicado à minha sempre presente esposa, Lisa, e aos nossos três garotos especiais: Harry, Fred e Patrick. Quando sua família acredita em você, nada parece impossível.

Agradeço também ao meu pai, por seu envolvimento e apoio não apenas durante o começo do negócio, mas também por me levar ao jogo de rúgbi, por me ajudar com o dever de casa e por ter sido um grande modelo a seguir ao longo de minha vida. Tenho certeza de que não foi sempre fácil. Você tem feito um ótimo trabalho.

O conselho mais valioso que gosto de seguir em momentos de adversidade é: "Não desista". Obrigado a John Handley por seu apoio consistente. Eu ainda me lembro do primeiro encontro que tivemos em seu conservatório aquele dia.

Obrigado a todos que me ajudaram em todos os meus desafios. Teria sido impossível sem vocês.

Obrigado a todos os empreendedores, criadores de ideias, tomadores de risco e iniciadores. Vocês tornam o mundo um lugar mais fantástico para viver e jogar.

Jonathan Yates, 2009.

SUMÁRIO

PREFÁCIO À EDIÇÃO BRASILEIRA

Ajudar um empreendedor, ou candidato, é sempre um enorme desafio, especialmente se o caminho for a literatura ou a educação. Somos autodidatas, nossa autoestima costuma ser altíssima, temos uma visão pragmática de mundo e ainda nos sentimos os reis do universo por estarmos fazendo coisas que ninguém fez. "O que pode nos ajudar?"; perguntamo-nos do topo de nossa vaidade e, normalmente, nos damos pouquíssimas ou nenhuma resposta.

Quando fui convidado a prefaciar este livro, topei na hora, claro, afinal se tratava de empreendedorismo, e sempre ajudo o empreendedorismo no Brasil. Mas pensei: "O que será? Mais um livro sobre *business plan* que ensina como fazer um *elevator pitch* para investidores que quase não existem no Brasil? Ou aquele livro de receitas de sucesso, ótimo para vender na livraria, mas ruim para usar no dia a dia do empreendedor?"

Minha opinião começou a mudar quando recebi o original deste livro e percebi que se tratava de um livro prático. "Começamos bem, sem excesso de arrogância e vaidade", pensei. E mudou de vez quando li, no sumário, a seção "Como usar este livro". Ressalto um dos trechos, a seguir: "Este é um manual de ideias, não um folheto de instruções. Você será o responsável por interpretar seu significado e relacioná-lo com suas experiências pessoais para pôr em prática novas estratégias para o sucesso". Percebi que

Jonathan é um empreendedor de verdade e que entende que não existem fórmulas prontas, mas sim provocações e pensamentos, e, se o leitor se propuser a analisá-los e a refletir sobre eles, poderá transformá-los em grandes lições para os seus desafios empreendedores.

Foi assim que este simpático livro me conquistou, virou meu livro de cabeceira e está me ajudando em meus projetos empreendedores, sem fórmulas fáceis de sucesso, mas como um ótimo – e rápido, afinal, ninguém tem tempo – terapeuta empresarial, que lança ideias e provocações e me faz pensar, refletir, mudar e crescer. Espero que possa conquistar e ajudar você também.

Bob Wollheim é empreendedor (sócio da Sixpix Content) e autor do livro *Empreender não é brincadeira!*

Por que você precisa deste livro

Você comprou este livro porque tem uma ideia, uma grande ideia que gostaria de colocar em prática. O que você precisa agora é de um resumo de tudo o que deve saber e fazer para que seu negócio aconteça e para que você possa agir rápido.

Enquanto avança com seu projeto – desenvolvendo a oportunidade que descobriu –, você pode buscar orientação nas pistas e dicas deste livro. Como um mentor disponível sempre que precisar, este livro vai inspirá-lo nos tempos difíceis e o ajudará a planejar seu próximo passo quando as coisas estiverem funcionando.

Quando comecei meus próprios negócios, cometi erros básicos. Também aprendi bastante nesse percurso. Usei o que aprendi, bem como o que outros empreendedores e pensadores inspirados do passado disseram, para reunir essa coleção de conselhos essenciais que todo empreendedor deve saber quando estiver começando.

Ao ler este livro, enquanto coloca sua ideia em prática, você evitará cometer os mesmos erros de outros empreendedores que começaram antes e será capaz de colocar seu projeto em funcionamento com boas chances de sucesso.

Como usar este livro

Empreender em 100 lições – mestres de todos os tempos dão dicas para sua empresa brilhar foi criado com base no entendimento de que empreendedores gostam de encontrar ideias novas e valiosas rapidamente.

Leia e processe o conteúdo deste livro quando você tiver um tempo livre, quando sua mente estiver limpa e quando estiver aberto ao pensamento inovador. Cada página agirá como um estimulante para novas questões. Relacione as questões com suas ideias de negócios e com sua situação pessoal e depois responda a elas cuidadosamente antes de seguir adiante.

Relaxe e leia com calma uma página de cada vez, pensando no significado do conceito apresentado e de que modo ele tem relação com você e seu negócio. Esteja aberto para mudar sua percepção do mundo a sua volta para aumentar as chances de sucesso de seu empreendimento.

Selecione uma citação ou ideia do livro e cole-a no seu mural por uma semana ou duas. Assim você terá a chance de relembrar algo que o empolgou e de pensar sobre as consequências das diferentes ações que pretende pôr em prática.

Este é um manual de ideias, não um folheto de instruções. Você será o responsável por interpretar seu significado e relacioná-lo com suas experiências pessoais para pôr em prática novas estratégias para o sucesso.

Se você tem alguma dúvida ou ideia que gostaria de explorar, envie um e-mail para *jon@jonathanyates.biz* ou ache-me no Twitter como *Jonathanyates*. Ficarei feliz em saber sobre seu próximo passo.

começo

“Se quer alguma coisa, ou tem algo que sonha em fazer, comece. A coragem tem gênio, poder e mágica. Comece agora.”

Johann Wolfgang von Goethe, 1749-1832
Filósofo alemão e um dos mais influentes contribuintes da cultura ocidental.

1

Comece agora

Pegue sua ideia - aquela que tem passado pela sua cabeça, sobre a qual você tem conversado com seus amigos - e faça algo para começá-la. Escreva uma descrição, faça um protótipo, busque ideias similares na internet ou pegue o telefone e ligue para alguém para fazê-la acontecer.

Imagine como o mundo poderia ser se todos colocassem suas ideias em prática. Seria maravilhoso, excitante e bem diferente do que é hoje.

Quanto mais você faz, mais seu projeto se torna real. Se você conversa e age como um empreendedor, é nisso que se transforma.

"Trabalho cresce de outro trabalho, e existem bem poucos momentos eureca."

Anish Kapoor, 1954-
Ganhador do Prêmio Turner de arte contemporânea.
Escultor indiano e filósofo.

2

Encontre seu momento eureca

O conhecido momento eureca não é realmente um momento: é um período que começa com o aprendizado e com experiências que podem ser trabalhadas para chegar a conclusões lógicas.

Quanto mais você fizer, mais perto estará de cair naquela interseção ilusória entre duas ou mais experiências únicas.

Tudo começa com uma ideia. Algumas vezes, imaginação é mais importante que conhecimento.

Eureca significa "eu descobri". Para achar algo, você precisa primeiro começar a procurar. Não espere até uma luz se acender em sua cabeça: vá e procure o interruptor.

"O melhor motivo para se começar uma organização é criar significado – criar um produto ou serviço para fazer do mundo um lugar melhor."

Guy Kawasaki, 1954-
Um dos primeiros funcionários da Apple, escritor e investidor de risco.

3

Descubra seu propósito

Quando você coloca o coração e as emoções em um novo negócio, o processo torna-se mais poderoso.

Tente conter uma pessoa que está dedicada a alguma causa, seja uma ideia de negócios ou uma ação política: é quase impossível! Essas pessoas mostram uma garra que ultrapassa de longe suas necessidades de retorno financeiro. Elas têm a emoção a seu favor, e uma ligação emocional com um propósito é algo muito forte.

Inove com paixão e as recompensas virão. Esteja completamente envolvido com sua aventura e veja para onde ela vai guiar você.

"Arte é criar algo do nada e vender."

Frank Zappa, 1940-1993
Compositor norte-americano, guitarrista, produtor de discos e diretor de filmes.

4

Aprenda a vender o conceito

A habilidade de vender ideias intangíveis é necessária a todos os inovadores. Você pode ter ideias que ainda não são viáveis comercialmente; então, quando estiver diante de um comprador ou investidor, venda o conceito.

Se você tem uma verdadeira inovação, compradores e clientes irão perdoar as imperfeições do protótipo. Faça perguntas a consumidores potenciais para ajudar você a criar um produto melhor. Empresas investem em inovação e em produtos recém-lançados quando conseguem enxergar realmente uma vantagem competitiva.

A oportunidade deve parecer real ao comprador, então faça o possível para retirar os riscos da proposta.

"Algumas pessoas sonham com grandes conquistas, enquanto outros ficam acordados e correm atrás delas."

Anônimo

5

Use seu tempo com sabedoria

Gestão do tempo é um termo enganoso. O que você precisa gerenciar é sua atividade no tempo que tem disponível. Definir resultados e ações é fundamental para organizar o que você faz.

Uma simples ferramenta para uma gestão de atividades eficaz é definir prioridades. Certifique-se de que você está fazendo já o melhor uso do seu tempo, realizando coisas que ajudam sua oportunidade a crescer.

Descubra o que é mais difícil no processo de começar seu negócio e faça isso primeiro – assim os itens mais fáceis ficam ainda mais simples.

"Trabalho com pessoas maravilhosas e que torcem por mim. E acredito que o negócio deve servir à família mais do que a família deve servir ao negócio."

Kathy Ireland, 1963-
Modelo norte-americana, atriz, mulher de negócios e CEO da própria empresa.

6

Envolva a família e os amigos com sabedoria

Na primeira fase, a família e os amigos serão seus apoiadores mais próximos.

No entanto, família e amigos nem sempre são as melhores pessoas a quem recorrer em busca de opiniões sobre sua estratégia de negócios. Eles realmente querem estar ao seu lado, e isso pode atrapalhar o julgamento deles.

Se você envolver os amigos e a família, certifique-se de que vai usá-los como uma plateia para ajudá-lo a se preparar para as reuniões. Mostre a eles as pesquisas que está fazendo e envolva-os pedindo ajuda para as atividades do dia a dia.

Procure a família e os amigos para apoio financeiro e emocional, mas lembre-se de ouvir seus conselhos com objetividade.

"Nós nunca podemos estar certos sobre o futuro e, por isso, devemos continuar a ser flexíveis e adaptáveis, para que possamos reagir rapidamente às necessidades de nossos clientes e do nosso mercado."

Talal Abu-Ghazaleh, 1938-
Considerado o pai da contabilidade árabe, fundador da empresa de serviços TAG-org, com sede na Jordânia.

7

Seja ágil

Implemente mudanças com rapidez e tire vantagem das novas oportunidades.

Empresas grandes possuem longos procedimentos para a aprovação de novos produtos e serviços. Quando você está começando seu negócio, tem uma vantagem competitiva, porque pode tomar decisões importantes imediatamente.

A Yakult criou uma nova categoria de bebidas lácteas saudáveis. A Danone entrou no mercado com a linha Actimel e agora é a líder do mercado. Tenho certeza de que os fundadores da Yakult estão felizes com os 10% que possuem hoje de um mercado muito maior, criado pela entrada de uma grande multinacional.

"Todas as pessoas são empreendedoras, mas muitas nem têm a oportunidade de descobrir isso."

Muhammad Yunus, 1940-
Economista de Bangladesh, ganhador do Prêmio Nobel da Paz, fundador do Banco Grameen, que fornece microcrédito para empreendedores de países em desenvolvimento.

8

Dê uma guinada na sua carreira

Você está feliz como empregado, fazendo dinheiro para outras pessoas? Poderia pegar seus clientes e começar seu próprio negócio? Está pronto para descobrir o que a vida tem a oferecer se você der um passo rumo ao desconhecido?

Faça a si mesmo essas perguntas e responda a elas com honestidade. Se você ainda não está pronto para dar este salto, continue empregado e trabalhe duro para ganhar seu salário. Opere seu negócio próprio nas horas vagas, até estar pronto para se dedicar a ele em tempo integral, transformando-o em sua fonte de renda.

"Boa parte da liberdade financeira é ter o coração
e a mente livres das preocupações sobre
o que pode acontecer na vida."

Suze Orman, 1951-
Consultora financeira norte-americana, escritora e apresentadora de TV.
A mais bem-sucedida levantadora de fundos na história da
televisão dos Estados Unidos, eleita pela revista Time
uma das pessoas mais influentes do mundo.

9

Encontre o capital para começar

Financial bootstrapping é um termo que descreve métodos de financiamento próprio para seu projeto, sem investidores externos. Muitos empreendedores recorrem a cartões de crédito, empréstimos bancários, de amigos ou da família para ter um capital de giro no início. Outros começam um negócio para juntar dinheiro suficiente para investir em oportunidades maiores mais tarde.

Algumas empresas bem-sucedidas foram fundadas à base do *financial bootstrapping*. Michael Dell começou sua companhia com 1.000 dólares de capital e ela se transformou na Dell Inc. com a ajuda de 300 mil dólares de empréstimos de familiares próximos. No primeiro ano comercial, o empreendimento teve receita bruta de 73 milhões de dólares, com a venda de PCs personalizados, por meio de anúncios de revistas.

O que você poderia começar com 1.000 dólares?

"Em vinte anos, você estará mais desapontado pelas coisas que deixou de fazer do que pelas coisas que fez. Então, solte suas amarras. Afaste-se do porto seguro. Agarre o vento em suas velas. Explore. Sonhe. Descubra."

Mark Twain, 1835-1910
Humorista estadunidense, professor e escritor, muitas vezes considerado o pai da literatura norte-americana.

10

Comece hoje

O que poderia ser mais gratificante do que ser dono do próprio destino e reportar-se apenas a si mesmo, seus funcionários, fornecedores e clientes?

Você precisa ter fé em suas habilidades e no diferencial do seu produto no mercado. Com trabalho duro, tenacidade e um pouco de sorte, você terá a chance de construir seu próprio futuro.

Nunca é tarde para começar a implementar suas ideias – e nunca é muito cedo. Você pode criar as bases de um negócio em crescimento amanhã, mas por que não hoje? Outra pessoa pode ter a mesma ideia e colocá-la em prática antes. Depende de você!

ideias

"Continue caminhando e as chances serão ainda maiores de que você tropece em algo, talvez quando menos estiver esperando. Nunca ouvi falar de alguém que tropeçou em algo estando sentado."

Charles Kettering, 1876-1958
Inventor norte-americano, dono de mais de 300 patentes. Fundador da Delco Electronics Corporation e chefe de pesquisas da General Motors por 27 anos.

11

Você é único

A coleção de eventos diversos pelos quais você passou durante a vida é única para você.

Todos os dias você toma decisões sobre o andamento de sua vida, desde escovar os dentes até escolher qual tarefa realizar primeiro. Você é um indivíduo e toma inúmeras decisões com resultados infinitos. Explore a forma como você vive e pergunte-se o porquê de certas decisões suas – você poderia ter feito diferente?

Use todas as suas experiências e conexões para encontrar inspiração e oportunidades que ninguém mais consegue enxergar.

Você nunca encontrará alguém exatamente igual a você. Essa é sua principal vantagem competitiva.

“As oportunidades às vezes aparecem disfarçadas de falta de sorte ou derrota temporária.”

Napoleon Hill, 1883-1970
Escritor norte-americano. Um dos fundadores do gênero de sucesso pessoal e livros de autoajuda.

12

Encontre problemas para resolver

Olhe para produtos e serviços e pense nos problemas que eles resolvem. O que chateia e irrita as pessoas é uma fonte de oportunidade – a lavadora não teria sido inventada se não fosse por uma torneira pingando.

Muitos empreendedores cometem o erro de acreditar que são necessárias condições econômicas favoráveis para que possam gerar novas ideias, mas numa economia em crise muitos problemas também precisam ser resolvidos. Altas taxas de juros forçam as pessoas a procurar conselhos para a gestão de créditos. Os desempregados precisam de assistência para procurar empregos. Empresas preocupadas com seus planos de crescimento futuro podem estar prontas para desenvolver oportunidades de consultoria.

Sempre haverá problemas a serem resolvidos.

"Temos duas orelhas e uma boca para que possamos ouvir duas vezes mais que falar."

Epiteto, 55-135
Filósofo estoico grego que ensinou que indivíduos são responsáveis pelas suas próprias ações e que nós temos o dever de cuidar de todos os nossos companheiros seres humanos.

13

Ouça seus clientes

Quando estiver vendendo um produto ou serviço, ouça seus clientes para entender de que eles precisam. Consumidores já têm uma ideia do que querem comprar.

Não passe a maior parte de uma reunião contando a seus clientes o que você pode fazer por eles – você pode perder uma boa oportunidade. Baseie o discurso de vendedor nas necessidades específicas de cada cliente e providencie uma solução individual.

Se você é apaixonado por seu produto, isso se tornará evidente, mesmo que não tenha um treinamento específico para vendas. Se existe um mercado para seu produto, comunique a melhor solução para as necessidades do cliente e os consumidores entenderão.

Uma venda é simplesmente um diálogo.

"Meu conselho é: nunca inicie uma empreitada apenas para ficar rico. Faça o que ama e, se nesse processo você ficar rico, veja isso como um bônus."

James Dyson, 1947-
Designer britânico, criador do aspirador Ciclone Dyson.

14

Faça algo de que você gosta

Junte seus interesses e passatempos e veja se existe uma maneira de transformar o que gosta de fazer em um negócio. Quando você gosta do que faz todos os dias, isso vai parecer trabalho?

Se tem um *hobby,* comece um negócio nesse ramo. Você terá mais chances de progredir e de aprender do que se começar num ramo do qual entende muito pouco.

Todos os empreendedores trabalham muito e por longas horas. Se for virar noites e dias trabalhando em seu projeto, ele deverá ser sobre algo que apaixona você.

"Técnica sem imaginação é artesanato e nos fornece muitos objetos úteis, como uma cesta de piquenique. Imaginação sem técnica nos dá arte moderna."

Sir Tom Stoppard, 1937-
Premiado escritor britânico de peças e filmes.

15

Aprenda uma nova técnica

Se você não tenta coisas novas, talvez nunca encontre as bases para seu sucesso no futuro.

Você pode precisar aprender certa técnica para tapar um buraco em seu negócio - mas, de vez em quando, desperte seu interesse para algo totalmente diferente para você.

Abrace coisas novas, longe da rotina do dia a dia. Tente um novo esporte, pesquise uma nova indústria, inscreva-se numa corrida ou caminhada ou até mesmo seja voluntário para ajudar no negócio de um amigo por um dia.

Tente experiências novas e diferentes e deixe crescer as oportunidades de ter novos momentos de inspiração.

"Se enxerguei mais longe, foi porque me apoiei nos ombros de gigantes."

Isaac Newton, 1643-1727
Físico, matemático e astrônomo britânico, um dos cientistas mais influentes da história.

16

Pegue uma ideia brilhante e faça com que ela fique ainda melhor

Você pode, às vezes, encontrar oportunidades em produtos que já existem e que estão no mercado há tanto tempo que suas falhas e custos já parecem normais para o consumidor.

Companhias de voo como a Easyjet e a Ryanair causaram uma tempestade na indústria de viagens, oferecendo passagens aéreas sem luxo e com preços atraentes. Seus voos não eram radicalmente diferentes do que era oferecido – eram apenas mais baratos e aumentaram o acesso das massas nesse mercado.

As mudanças que você faz não precisam ser complicadas: quanto mais simples, melhor.

Apoie-se nos avanços tecnológicos que outros criaram para ir adiante com suas ideias.

"Imaginação é mais importante que conhecimento, porque este é limitado, enquanto aquela abraça o mundo inteiro, estimulando o progresso e dando asas à evolução."

Albert Einstein, 1879-1955
Funcionário do escritório de patentes alemão. Tornou-se um dos teóricos de física mais influentes de nossa história.

17

Domine o poder da imaginação

Crianças não parecem inibidas pelo que já sabem e entendem. Escute as histórias que elas criam e suas brincadeiras de faz de conta. De onde surgem essas ideias?

Todos nós tivemos acesso a nossa criança interior uma vez ou outra, mas um senso de conformidade cria a necessidade de que sejamos aceitos como adultos. Por isso tendemos a deixar de lado nossa imaginação criativa.

A criatividade também é reprimida no trabalho, especialmente no ambiente corporativo. Desenvolva sua criatividade por meio da leitura, do desenho, do canto e com jogos.

Se você exercitá-la, estará pronto para que ela trabalhe para você quando precisar.

"Fazer dinheiro é um *hobby* que vai complementar com beleza outros passatempos que você tem."

Scott Alexander, 1976-
Milionário e socialite *britânico, às vezes citado na mídia como um dos homens mais vaidosos da Grã-Bretanha.*

18

Aprecie os interesses de outras pessoas

Pesquise um assunto pouco interessante agora, comprando uma revista sobre um tópico obscuro. Você sempre descobrirá algo do qual não sabia, o que pode fazer brotar uma ideia para uma oportunidade.

Se as revistas não tivessem público, não venderiam nada nas bancas nem teriam espaço com publicidade. Elas têm de ser interessantes para alguém ou então sairiam do mercado.

Qualquer *hobby* ou passatempo é interessante para quem o aprecia por alguma razão. Descubra que razão é essa e veja se isso pode trazer algum benefício para o seu negócio.

"Imitação é a forma mais sincera de lisonja."

Charles Caleb Colton, 1780-1832
Clérigo britânico, escritor e colecionador.

19

Proteja suas ideias

Suas ideias precisam estar protegidas o quanto antes. Elas valem dinheiro.

Contate o Instituto Nacional de Propriedade Industrial de sua cidade (órgão responsável pelo registro de patentes) para saber como se proteger de imitações e assegure seus direitos de inventor.

A forma mais fácil de proteger suas ideias é não contando nada a ninguém sobre elas, pelo menos até o lançamento, a não ser que você tenha um acordo de não divulgação. Quando estiver emocionalmente envolvido com um novo projeto, será muito difícil guardar segredo, em especial se você precisar pesquisar as oportunidades de mercado.

"Para que um sonho se torne realidade, faça com que ele fique real o bastante para acreditar nele."

Peter Jones, 1966-
Empreendedor britânico, reconhecido pelo papel de destaque na série Dragons' Den, *da BBC, com interesses na mídia, telefonia móvel, lazer, propriedade e televisão.*

20

Crie uma abordagem de 1 minuto

Você pode conceber claramente sua ideia de negócios entre 5 e 10 segundos?

A abordagem de 1 minuto é uma lista que contém pequenos discursos que abrangem quem você é, o que faz e como bens e serviços podem agregar valores reais aos consumidores. Utilize isso para encorajar as pessoas a perguntar mais a você sobre a natureza de seu negócio.

A abordagem de 1 minuto foi criada para uso durante conferências, quando você precisa "atingir" uma pessoa influente no elevador e só tem disponível o período em que ela vai de um andar para o outro.

Deixe sua abordagem simples, compreensível e concisa. Ela será uma ótima introdução para o seu negócio.

motivação

"O homem racional se adapta ao mundo. O irracional persiste tentando adaptar o mundo a ele. Por essa razão, todo o progresso depende do homem irracional."

George Bernard Shaw, 1856-1950
Dramaturgo irlandês, única pessoa a receber o Prêmio Nobel de Literatura (1925) e um Oscar (1938).

21

Seja responsável pela mudança

Empreendedores abraçam a mudança, criam mudança e gostam de mudança.

Imagine como o mundo seria se todas as pessoas com ideias brilhantes fizessem algo com essas ideias em vez de apenas falar sobre elas.

Pare de resmungar dizendo que não gosta da maneira como as coisas são – em vez disso, faça um esforço para realizar pequenas mudanças a fim de melhorar sua rotina diária.

Mudanças são difíceis para muitas pessoas, porque a vida que elas levam é confortável e mudanças quebram a rotina.

Em contrapartida, os empreendedores recebem bem os desvios de norma e se animam com as oportunidades criadas pela novidade. Se você não criar as mudanças, quem irá fazê-lo?

"O ingrediente principal está dentro de você. É simples assim. Muitos têm ideias, mas são poucos os que decidem agir agora. Não é amanhã, nem na semana que vem. É hoje. O verdadeiro empreendedor é um executor, não um sonhador."

Nolan Bushnell, 1943-
Empreendedor e engenheiro elétrico norte-americano. Fundou a empresa de computadores Atari e a cadeia de pizzarias Chuck E. Cheese.

22

Não fique sonhando, faça

Sentar e conversar sobre suas ideias é ótimo, mas você precisa sair da cadeira e fazer o trabalho duro para que elas aconteçam.

Essa é a parte que muitos não entendem. É fácil achar uma razão para não agir e tornar algo realidade.

Ouço muitas grandes ideias todos os dias da semana e é possível saber, pelo entusiasmo da pessoa, se há chances reais de sucesso ou se essas ideias estão fadadas ao esquecimento.

Existem os faladores e existem os executores. A pessoa, mais que a ideia, é o ingrediente principal.

Faça a difícil escolha de fazer, não de sonhar.

"Sua mente irá responder à maior parte das perguntas se você aprender a relaxar e esperar pela resposta."

William S. Burroughs, 1914-1997
Romancista e crítico social norte-americano, membro da Geração Beat e autor de Naked lunch (Almoço nu) *e* Cities of the red night (Cidades da noite vermelha).

23

Tire um dia de folga

Dirigir um negócio está consumindo todos os seus esforços e sua energia. De vez em quando, fique um dia longe do escritório e tenha disciplina para desligar o celular e não acessar os e-mails.

Faça uma caminhada e busque uma atividade. Procure algo completamente diferente de sua rotina.

É saudável tirar uma folga do trabalho, pois isso ajuda a recarregar suas baterias. Às vezes, é em momentos de silêncio e contemplação que temos as melhores ideias – tenha um caderno e uma caneta à mão para registrar seus momentos de genialidade.

"A verdadeira viagem de descobertas consiste não apenas em buscar novas paisagens, mas em ter um novo olhar."

Marcel Proust, 1871-1922
Romancista francês, ensaísta e crítico, autor do romance Em busca do tempo perdido, *dividido em sete partes.*

24

Estabeleça metas para alcançá-las

Faça uma coleção de figuras e recortes e organize-a em seu escritório, ou na porta de sua geladeira, para lembrá-lo de seus grandes planos.

Pode ser a foto de um carro, a descrição de uma viagem de férias ou algo que represente fechar um negócio com um cliente em particular. Sempre visualize os alvos específicos para suas aspirações.

Algumas pessoas têm receio de definir metas por medo de falhar, mas essa definição é motivadora. Certifique-se de que suas metas tenham prazos.

O que você quer da vida? Se consegue enxergar aonde quer chegar, você pode planejar a melhor rota.

"Todos os dias você terá oportunidades de assumir riscos e atuar fora de sua zona de conforto. Claro, é muito mais fácil ficar na zona de conforto [...] no meu caso, de terno, gravata e no mercado imobiliário [...] mas às vezes é preciso encarar o risco. Quando os riscos valem a pena, é quando você tem as melhores recompensas."

Donald Trump, 1946-
Dirigente e CEO da Trump Organization e dono da Trump World Tower, em Nova York.

25

Aprecie o desconforto

Sentimo-nos confortáveis com experiências com as quais temos familiaridade. Introduza algo novo e você se sentirá vulnerável e incapaz de controlar a situação.

Em contrapartida, é vital que você se sinta confortável em se reinventar aos olhos de seus pares.

Muitos gostam de ver o olhar de surpresa dos amigos, da família e dos colegas quando conseguem algo inesperado. Isso aconteceu comigo em muitas ocasiões, enquanto escrevia este livro. A reação costumava ser: "Você? Escrevendo sobre o quê?".

O choque é uma emoção poderosa.

"Perdedores enxergam as penalidades da falha. Vencedores visualizam as recompensas do sucesso."

William S. Gilbert, 1836-1911

Dramaturgo inglês, poeta e ilustrador, mais conhecido por suas catorze óperas cômicas, incluindo H. M. S. Pinafore *e* The Mikado.

26

Visualize as conquistas

A visualização ajuda você a se situar com antecedência em circunstâncias não familiares. Quando chegar sua hora de agir, seja apresentando uma ideia em um fórum ou assinando um acordo de negócios, você estará preparado.

Quando você enxergar o objetivo, tente imaginar o melhor resultado. Quando estiver visualizando a apresentação de sua ideia, crie o momento em que a plateia o aplaudirá no final.

Feche os olhos e imagine-se alcançando seus objetivos. Sinta como deve ser o momento do sucesso. Muitos atores e palestrantes fazem uso desse recurso quando tentam vencer o medo dos palcos.

Sempre visualize o sucesso – depois faça-o acontecer.

"Senti uma calmaria estranha... um tipo de euforia. Senti que poderia correr o dia todo sem me cansar, que poderia driblar qualquer um do time adversário, ou todos juntos, que eu poderia quase atravessá-los fisicamente."

Pelé, 1940-
Jogador de futebol brasileiro que recebeu o título de Atleta do Século pelo Comitê Olímpico Internacional.

27

Abrace o fluxo

O tempo parece parar quado você lida com uma tarefa difícil ou cansativa. Quando você gosta do que faz, o tempo voa e o evento acaba muito rápido.

O fluxo é um estado mental no qual você está totalmente imerso em uma tarefa, geralmente caracterizado por um sentimento de foco energizado, de total envolvimento e sucesso durante a atividade.

Se o tempo parece caminhar lentamente, mude o foco. Trabalhe em outra coisa, seja produtivo em outra área ou tire uma folga. Você deve se focar totalmente em sua tarefa para levar adiante sua ideia.

Capture o fluxo com todas as suas forças e você terá aptidão mental para o sucesso.

"Além de uma forte crença em sua voz interior, você também precisa do foco de um raio *laser* combinado com uma determinação inabalável."

Larry Flynt, 1942-
Editor de revistas e diretor da Larry Flynt Publications, que produz filmes e revistas como a Hustler.

28

Não pare

Haverá momentos em que você terá vontade de desistir. Os seres humanos sentem medo do fracasso. Mas você chegou tão longe e precisa ver sua ideia ir até o fim.

Encontre um mentor, alguém que passou por experiências semelhantes e que pode lhe dar inspiração para continuar. Eu me encontrava com meu mentor a cada duas semanas e seus conselhos – "Continue, Jon. Não desista!" – foram motivadores.

Se um desafio parece intransponível, dê um passo atrás e pense em uma nova maneira de encará-lo. Uma solução extraordinária pode se apresentar.

"Algumas perguntas não têm resposta, o que é uma lição muito difícil de aprender."

Katharine Graham, 1917-2001
Editora norte-americana que dirigiu o jornal de sua família, o Washington Post, *por mais de vinte anos e ganhou o Prêmio Pulitzer em 1998 por suas memórias.*

29

Se fosse fácil, todo mundo faria

Começar um negócio de sucesso é muito difícil e existem mais experiências de fracasso que de sucesso. A boa notícia é que a atual geração de empreendedores está criando mais patentes, registrando mais novas marcas e começando mais novas empreitadas que qualquer outra geração anterior, desde a Revolução Industrial.

Lembre-se: a jornada para um novo negócio envolve emoção, engajamento, tenacidade e dedicação. É como andar em uma montanha-russa – há imensas descidas e enormes picos de euforia.

Esteja preparado tanto para alegrias quanto para decepções no caminho para o sucesso. Não é fácil, mas vale o esforço.

"Motivação é um fogo que vem de dentro. Se outra pessoa tentar acender esse fogo para você, são grandes as chances de que ele se apague logo."

Stephen Covey, 1932-
Escritor norte-americano, autor de muitos dos livros mais vendidos sobre motivação e autoliderança, incluindo Os 7 hábitos das pessoas altamente eficazes.

30

Encontre sua motivação

Até mesmo indivíduos muito motivados se sentem frustrados, desencorajados ou cansados em algum momento.

Todos nós precisamos ver que nossos esforços são percebidos e que nosso bom trabalho é apreciado.

Pode não ser uma recompensa financeira o que você busca, mas um reconhecimento artístico ou cumprimentos de outras pessoas pela sua vitória. Nós somos motivados por coisas diferentes. Descubra quais são suas motivações e use-as para alcançar as recompensas que merece.

Diversos empreendedores são muito mais motivados pela ideia de sucesso que simplesmente por dinheiro. Então, o que é sucesso para você?

Quando for contratar outras pessoas, lembre-se de que a motivação é um comportamento que você pode influenciar, mas não criar. Assim, descubra também quais são as motivações de seus funcionários.

oportunidade

"O empreendedor é o visionário interior que temos, o criador em cada um de nós. Nascemos com essa qualidade e ela define em nossa vida a maneira como reagimos ao que vemos, ouvimos, sentimos e experienciamos. Ela é desenvolvida, alimentada e ganha espaço para florescer, ou é esmagada, frustrada e morre."

Michael Gerber, 1936-
Escritor norte-americano de livros motivacionais e fundador da E-Myth Worldwide, empresa de técnicas dirigidas a empreendedores.

31

Descubra quem você é

• **Autoempreendedor:** busca mudança de estilo de vida, não apenas ganhar dinheiro. Suas motivações não são pelo retorno financeiro, mas por uma mudança de circunstâncias.

• **Soloempreendedor:** são empreendedores individuais; estão no mercado por eles mesmos, motivados por dinheiro e sucesso por mérito próprio.

• **Empreendedores:** ganham dinheiro por meio de oportunidades de um mercado em constantes mudanças, alimentados pelo prazer de lucrar.

• **Ultraempreendedores:** ou empreendedores seriais, são os que reinvestem ativamente seu dinheiro em negócios ainda maiores, não apenas pelo retorno financeiro, mas também por gostarem do processo.

> "Nós somos o que fazemos repetitivamente. Por isso, excelência não é um ato, mas um hábito."
>
> *Aristóteles, 384-322 a.C.*
> *Filósofo grego, primeiro a criar um sistema compreensível de teorias sobre a moral e a lógica.*

32

Faça pesquisa

Você tem uma ideia, agora teste o mercado. Conduza entrevistas cara a cara usando questionários personalizados para atingir diretamente seu público-alvo.

Existem serviços gratuitos *on-line* que ajudam você a criar questionários e a usar as informações contidas nas respostas em relatórios significativos. Acesse:

- http://www.encuestafacil.com/
- http://www.enquetes.com.br/
- www.smart-survey.co.uk
- www.free-online-surveys.co.uk
- www.dotmailer.com

Empresas especializadas podem fazer pesquisas específicas para você – mas têm um preço. O benefício da pesquisa paga é que seus investidores potenciais acreditarão nela.

Prove que sua ideia é real com a condução de uma pesquisa detalhada e profissional, mostrando que a oportunidade que você identificou realmente existe.

"Não é apenas o que você sabe nem quem você conhece. É, na verdade, quem você conhece, quem conhece você e o que você faz da vida."

Bob Burg, 1958-
Escritor norte-americano e palestrante especializado em rede de contatos de empreendedores e técnicas de venda.

33

Faça crescer sua rede de contatos

Frequente palestras e seminários gratuitos para encontrar gente de fora do seu mercado. Você pode encontrar clientes potenciais e fornecedores mais eficientes na plateia.

Empresas locais querem fazer crescer sua própria rede de contatos convidando gente como você para participar de suas palestras. Procure mais informações nas associações comerciais e industriais de sua região.

Registre-se em serviços como Orkut, Facebook ou Twitter para aumentar sua lista de contatos profissionais e de oportunidades para o seu negócio.

Você tem a oportunidade de passar todas as manhãs e todas as noites fazendo seu *network*. Escolha os lugares que mais combinam com seu negócio e comece a frequentá-los.

"Venda um peixe a um homem e ele o comerá em um dia. Ensine-o a pescar e você perderá uma ótima oportunidade de negócios."

Karl Marx, 1818-1883
Filósofo alemão, economista político e revolucionário, cofundador do marxismo e coautor do Manifesto comunista.

34

Aproveite cada oportunidade

Se alguém lhe pedir conselho para comprar um produto ou serviço, seja corajoso e diga: "Sim, isso é algo que podemos fazer para você". Depois saia e encontre maneiras de fazê-lo.

Encontrar clientes dispostos a adquirir seu produto ou serviço é uma tarefa às vezes frustrante e que consome tempo. Quando a oportunidade se apresenta diretamente a você, o custo e o esforço de vender o produto ficam absurdamente mais baixos.

Aproveite a oportunidade e use sua rede de contatos para ter certeza de que vai entregar o prometido a seu novo cliente. Faça bem seu trabalho para garantir novos clientes e recomendações.

"A pesquisa serve para transformar pedras em tijolos."

Arthur D. Little, 1863-1935
Químico do Massachusetts Institute of Technology – MIT que descobriu o acetato e foi cofundador da Arthur D. Little, uma empresa de consultoria internacional focada em pesquisa de tecnologia.

35

Leia uma revista

Qualquer área de atuação tem revistas especializadas, tanto para produtores quanto para consumidores. Elas estão repletas de artigos de autores qualificados e com experiência no assunto. Faça sua pesquisa e aprenda sobre seu mercado.

Ler revistas deixa você a par das novidades do que está acontecendo em seu nicho de mercado, assim como lhe fornece o jargão técnico necessário para fazer negócios nessa área. Ao conversar profissionalmente sobre seu novo negócio, você adquire mais credibilidade perante fornecedores e clientes potenciais.

Consumidores e concorrentes estão lendo o mesmo material, portanto use seu novo conhecimento para ter inspirações, ideias e liderar o mercado.

"Sem crescimento e progresso contínuos, palavras como melhoria, realização e sucesso não têm significado."

Benjamin Franklin, 1706-1790
Cientista, diplomata e teórico político, um dos patriarcas da independência dos Estados Unidos.

36

Crie um negócio em escala

Se você vislumbrou uma oportunidade de fazer algo melhor que as outras pessoas, lembre-se de uma regra importante: crie a solução para todos, não um produto que resolva apenas o seu problema.

Ao desenvolver um produto, certifique-se de que você pode produzi-lo e vendê-lo em quantidade suficiente para viabilizar economicamente a produção.

Uma oportunidade de escala é exatamente o que investidores potenciais estão procurando. Isso implica um meio para o crescimento, bem como uma saída estratégica lucrativa de longo prazo para investidores, o que, de fato, é a razão de eles estarem envolvidos no negócio.

"Deixe-me lhe contar o segredo que me levou ao meu objetivo: minha força se apoia apenas em minha tenacidade."

Louis Pasteur, 1822-1895
Químico e microbiologista francês, mais conhecido por ter inventado o método de pasteurização, que recebeu esse nome em sua homenagem.

37

Seja tenaz

Tenacidade (substantivo): agarrar-se com persistência a algo, como um ponto de vista.

Certifique-se de que está fazendo tudo o que é necessário para demonstrar seu inabalável ponto de vista.

Expor sua emoção e paixão mostra o seu comprometimento com o projeto e cria uma ligação maior das outras pessoas com a oportunidade. Os críticos tentarão fazer você mudar de ideia com aquele papo de dificuldade e trabalho duro – e é aí que você precisa ser forte.

Se você realmente acredita que sua ideia vai funcionar, mantenha-se firme, dê aos críticos a oportunidade de ajudá-lo e continue. Essa é sua ideia e sua oportunidade de fazer algo com ela, então, seja tenaz.

"Todo mundo vive de vender alguma coisa."

Robert Louis Stevenson, 1850-1894
Romancista escocês, poeta, ensaísta e escritor de livros de viagens, autor de A ilha do tesouro *e* Sequestrado.

38

Vá atrás de grandes negócios

Entre na competição por oportunidades maiores. Além de elas serem fonte de vendas de maior valor agregado, irão trazer ao seu negócio a credibilidade que ele merece.

Quando se vir em uma situação em que um cliente é muito importante para você encará-lo sozinho, encontre um parceiro de confiança para ajudar você.

Muitas empresas iniciantes no ramo de software fazem isso quando vendem soluções para grandes multinacionais. Elas são pequenas demais para negociar com uma empresa de grande porte. O caminho para ultrapassar essa barreira é vender seu software para empresas de consultoria respeitadas, que possuem uma relação com a multinacional em questão e podem incorporar seu produto como parte de uma solução mais abrangente.

"Ainda vou encontrar o homem, não importa quão sublime ele seja, que não fez o melhor trabalho, mas que se esforçou mais pela aprovação do que pelas críticas."

Charles Schwab, 1937-
Homem de negócios e filantropo norte-americano, fundador e CEO da corretora Charles Schwab Corporation.

39

Absorva a crítica e use-a

Você passará por momentos em que seus pares irão criticar suas ideias. Use essa fantástica oportunidade para questionar o ponto de vista deles. Pergunte-lhes o que poderia ser a base de um direcionamento de sucesso para o seu negócio.

Muita gente teve ideias de negócios, mas nunca as colocou em prática. Muitos daqueles que o criticam vão lhe dizer como é difícil ser empreendedor e por que não arriscaram o próximo passo. Use essa negatividade para evitar armadilhas em seu empreendimento e lembre a si mesmo de que você é único e de que pode fazer o serviço.

Aceite ajuda, não importando de que forma ela se apresente.

"Mesmo em meios bastante técnicos, como a engenharia, cerca de 15% do sucesso financeiro é devido ao conhecimento técnico e 85% é devido à habilidade em engenharia humana, à personalidade e à capacidade de liderar pessoas."

Dale Carnegie, 1888-1955
Escritor norte-americano, professor e criador de cursos de engrandecimento pessoal, técnicas de venda e apresentação em público. Autor do best-seller Como ganhar amigos e influenciar pessoas.

40

Esteja rodeado de inteligência

Um empreendedor deve mirar-se na experiência adquirida de conhecer de tudo um pouco. Por outro lado, seus empregados devem ser expertos em um assunto específico, oferecendo a você uma fonte de pesquisa e conhecimento.

No começo, você pode ter um número limitado de funcionários, se tiver algum. Por isso, busque ajuda de mentores, organizações governamentais de sua região, fornecedores ou clientes para contornar as falhas técnicas.

Existem ótimos cursos promovidos por órgãos públicos, como o Serviço de Apoio às Micro e Pequenas Empresas (Sebrae), especificamente para ajudar empreendedores a fazer o novo negócio decolar – informe-se das novidades em sua cidade.

desafios

"Quando você se depara com um problema, começa a resolvê-lo."

Rudy Giuliani, 1944-
Prefeito da cidade de Nova York na época dos ataques terroristas ao World Trade Center, em 11 de setembro de 2001. Eleito "Personalidade do ano" pela revista Time *em 2002, foi condecorado pela rainha Elizabeth II.*

41

Abrace os problemas

Todo mundo gosta de jogos e quebra-cabeças que testam nosso intelecto e nos fazem pensar.

Desde a época da escola você foi ensinado a resolver problemas e lida com isso todos os dias, desde o que terá para o café da manhã até escolher uma rota para escapar do trânsito na hora do *rush*.

Resolver problemas de negócios não é diferente, exceto pelo fato de que você pode não ter nenhum ponto de referência ou experiências anteriores para ajudá-lo. Por exemplo, se você nunca enfrentou um pedido de demissão de um funcionário antes, isso acaba por parecer um evento muito maior do que realmente é.

Quando estiver diante de uma nova situação ou problema, reúna informações, pesquise diferentes opções e tome sua decisão.

"Eu queria ser editor ou jornalista. Não estava realmente interessado em ser empreendedor, mas logo descobri que tinha me transformado em um para manter minha revista funcionando."

Richard Branson, 1950-
Empreendedor britânico que teve seu primeiro negócio bem-sucedido aos 16 anos. Mais conhecido pela marca Virgin, que abrange mais de 200 companhias pelo mundo.

42

Quando as coisas ficarem difíceis, continue

As dificuldades de iniciar o próprio negócio fazem com que muitas pessoas desistam antes mesmo de começar. Um pouco de medo pode ajudá-lo a ter mais clareza de pensamento e disposição para vencer as adversidades, mas você deve ser capaz de controlar o medo de falhar para garantir o sucesso de seu negócio.

Não importa qual seja o seu temperamento natural, você precisa se tornar empreendedor quando começa um novo negócio. Você deve transpor barreiras e problemas aparentemente insolúveis usando técnicas e atitudes de empreendedorismo.

Em momentos de adversidade, foque o principal e seja persistente.

"Eu não falhei. Só encontrei 10 mil maneiras que não irão funcionar."

Thomas Edison, 1847-1931
Homem de negócios norte-americano e inventor de produtos como o gramofone e a lâmpada.

43

Aprenda com seus erros

Cometer erros é inevitável – ninguém está livre disso –, e já que não passou por todo o caminho a ser percorrido você ainda não tem todos os pontos de referência necessários para tomar as melhores decisões possíveis.

É melhor decidir apoiando-se no que já conhece do que apelar para o desconhecido.

Armazene em sua biblioteca de experiências pessoais qualquer informação ou situação pela qual tenha passado. Esse banco de dados mental vai ajudá-lo a resgatar a memória necessária para resolver o problema que aparecer.

Construa com base em seus sucessos e aprenda com cada falha, certificando-se de que elas não serão repetidas.

"Um verdadeiro empreendedor é alguém que não possui uma rede de apoio embaixo dele."

Henry Kravis, 1944-
Investidor e financista norte-americano, cofundador da empresa de private equity *Kohlberg Kravis Roberts & Co., especializada em levantamento de fundos para aquisições.*

44

Atravesse grandes problemas com facilidade

Quando aparecer um problema complexo, encontre uma rota simples para atravessá-lo, quebrando-o em componentes menores.

Comece listando três coisas necessárias para resolvê-lo. Pegue essas soluções e escreva três caminhos para alcançá-las. Você pode continuar fazendo a divisão em tópicos, até que estes se tornem mais fáceis de lidar e você possa começar a resolver o problema.

Seguindo esses passos simples, você cria um sólido plano de ação para seguir quando surgir qualquer problema aparentemente insolúvel.

"Você pode conseguir tudo o que quer na vida se ajudar o bastante outras pessoas a conseguir o que querem."

Zig Ziglar, 1926-
Palestrante motivacional norte-americano, autor de livros de autoajuda como Além do topo *e* Os segredos da arte de vender.

45

Peça ajuda

Se você tem um problema envolvendo um aspecto difícil do seu negócio, contate uma empresa que não seja sua concorrente e que você admire e pergunte a seus diretores de que maneira eles iriam resolvê-lo.

Gente bem-sucedida gosta de ajudar os outros – e gosta de ajudar quem se esforça. Essas pessoas também se sentem lisonjeadas quando você pede qualquer conselho.

Sempre que faz contato com uma pessoa nova, você amplia sua rede de relacionamentos e pode encontrar instantaneamente a solução para resolver algumas de suas pendências atuais.

"Em qualquer situação, o melhor que você pode fazer é dar o próximo passo; a segunda melhor coisa que você pode fazer é dar o passo errado; o pior que você pode fazer é não fazer nada."

Theodore Roosevelt, 1858-1919
26º presidente dos Estados Unidos e também historiador, naturalista, escritor e soldado. Os ursos de pelúcia se chamam teddy bears *em sua homenagem.*

46

Tome uma decisão

Tomar uma decisão não é algo fácil, e talvez a coisa mais difícil de fazer em seu trabalho seja se engajar num curso de ações ao tomar uma decisão.

Inevitavelmente, você passará por dias em que suas estratégias e táticas não parecerão estar funcionando do modo como você gostaria. Lembre-se de que existem forças que estão fora de seu controle e afetam seu negócio e influenciam a direção que ele toma. A única coisa que você tem a fazer é aceitar isso.

Não tenha medo de tomar uma decisão quando precisar. Faça mais acertos que erros e o seu negócio crescerá.

"Os chineses usam duas pinceladas para escrever a palavra 'crise'. Uma pincelada significa perigo, e a outra, oportunidade. Em meio a uma crise, fique atento ao perigo – mas reconheça a oportunidade."

John F. Kennedy, 1917-1963
Conhecido simplesmente como JFK, o 35º presidente dos Estados Unidos. Foi o homem mais jovem eleito para o cargo, assassinado em 1963.

47

Encontre oportunidade em meio à crise

Empreendedores gostam de lucrar, e os mais bem-sucedidos são capazes de fazer dinheiro a partir das oportunidades de mercados em constante mudança.

Mercados crescem e diminuem em períodos variados. Em um pregão da bolsa de valores, as oportunidades podem ser mensuradas em segundos. Se seu negócio está ligado ao mercado imobiliário comercial, isso pode durar anos ou décadas.

Negociantes de sucesso são ágeis o suficiente para reconhecer oportunidades e agir assim que elas aparecem.

Para empreendedores, toda hora é cheia de oportunidades. Encontre-as, agarre-as e use-as ao máximo.

"Certas vezes, a situação só se torna um problema porque é observada com base em determinado ponto de vista. Olhe-a de outra maneira e o curso correto da ação poderá ser tão óbvio que o problema deixará de existir."

Edward de Bono, 1933-
Médico e escritor britânico, autor do termo "pensamento lateral" e defensor do ensino estruturado de técnicas de pensamento em escolas.

48

Percorra o problema

Em vez de tentar resolver o problema, tente dar forma a ele, fazendo uma nova leitura, para que você possa seguir adiante.

Por exemplo, o problema pode ser:

"Por que não sou capaz de encontrar mais clientes para minha série de seminários?".

Dar forma à questão pode levar a:

"Por que os clientes não têm interesse em frequentar minha série de seminários?".

As respostas a essas duas questões serão bem diferentes, mas levarão ao mesmo objetivo.

Sempre haverá uma maneira de passar pelo problema; você só precisa escolher o melhor caminho e segui-lo.

"Uma das vantagens de ser desordeiro é que a pessoa está constantemente fazendo descobertas alucinantes."

A. A. Milne, 1882-1956
Escritor britânico, criador das histórias e poemas sobre Christopher Robin e o Ursinho Pooh.

49

Aprenda a se adaptar e a pensar com criatividade

Se uma ação em particular não estiver dando mais os resultados que você quer, pare e tente uma nova maneira. O truque para o pensamento criativo de sucesso é ser original, ampliando o olhar para iluminar sua mente e pensar em soluções apropriadas para a situação que você está tentando resolver.

Uma técnica útil para desenvolver o pensamento criativo é limpar a mente de todas as ideias que você teve antes e tentar pensar no assunto novamente, com a mente livre. Isso requer prática.

Se o pensamento criativo não vier com facilidade, não entre em pânico. Isso só atrapalhará seu julgamento e lhe causará ainda mais frustração. Saia de sua rotina diária.

"Um empreendedor tende a tirar um pedaço um pouco maior do que ele pode mastigar, esperando que logo possa aprender a mastigá-lo."

Roy Ash, 1918-
Cofundador e presidente da Litton Industries, empresa da área de defesa. Diretor do Escritório de Gerenciamento e Orçamento durante a presidência de Richard Nixon e Gerald Ford.

50

Se você acha que está ficando difícil, isso é bom

Quanto mais difícil é o início, mais chances há de sua ideia ser uma verdadeira inovação. Assim, você terá de trabalhar ainda mais essa oportunidade para garantir seu sucesso.

Por que um fornecedor deve levá-lo a sério, quando você pode não ter condições de pagar pelo serviço dele? Por que um cliente deve comprar seu produto, quando a maioria dos novos negócios vai à falência no primeiro ano? Por que um banco deve lhe dar um empréstimo, quando sua ideia ainda não foi experimentada no mercado?

Faça a você mesmo essas perguntas difíceis antes que os outros as façam e encontre respostas baseadas numa razão mercadológica.

dinheiro

"Ninguém fala de empreendedorismo como um meio de sobrevivência, mas é exatamente isso que ele é e é o que alimenta o pensamento criativo."

Dame Anita Roddick, 1942-2007
Britânica, fundadora da marca The Body Shop, rede de lojas de cosméticos que não usa ingredientes testados em animais e defende o comércio justo com países em desenvolvimento.

51

Controle o capital de giro

Qualquer um pode começar um negócio, mas muito poucos podem iniciar um negócio lucrativo. No começo, a chave para o sucesso é controlar seu capital de giro: uma receita regular possibilita que você faça o negócio crescer a uma taxa realista, especialmente se você está usando seu próprio dinheiro.

Muitos fornecedores estão dispostos a ajudar empreendedores postergando os pagamentos. Quando o negócio deslanchar, eles vão esperar, em troca, fidelizar o novo cliente. Isso acontece principalmente com fornecedores de serviços, em vez de produtos, como agências de publicidade ou *designers*.

Insista para que seus serviços sejam pagos no prazo – e faça o mesmo com suas contas.

"Um banco é um lugar que vai lhe emprestar dinheiro se você provar que não precisa dele."

Bob Hope, 1903-2003
Comediante norte-americano e ator renomado por seu trabalho com as Forças Armadas dos Estados Unidos e numerosas turnês para divertir militares. Realizou também trabalhos humanitários.

52

Controle os gastos

Quando está começando um negócio e a receita é baixa, você precisa decidir, com muito cuidado, em quais produtos e serviços vai gastar seu dinheiro. Use ferramentas de software gratuitas como as que podem ser encontradas em http://www.meusdownloads.com.br/result.jsp?subCategoryID=1523, e visite o http://www.freecycle.org/group/BR/Brazil, uma rede de doação de quase tudo, incluindo computadores de segunda mão e impressoras.

Use sites especializados para imprimir cartões de visita, como o http://www.softonic.com.br/windows/cartao-de-visita-gratis, que fornecem serviços gratuitos com o objetivo de efetuar vendas em outra oportunidade, quando seu negócio deslanchar.

Em vez de contratar empregados caros, terceirize o trabalho para fornecedores confiáveis.

Outra sugestão é trabalhar em casa para economizar as despesas do aluguel de um escritório.

"Talvez a melhor pergunta que você possa memorizar e repetir indefinidamente seja: 'Qual é o melhor uso do meu tempo agora?'"

Brian Tracy, 1944-
Escritor de autoajuda canadense, com foco em empreendedores e profissionais de vendas, e promotor de debates e seminários que incluem assuntos como liderança, eficiência na administração e estratégia de negócios.

53

Trabalhe em seu negócio

Reserve um tempo para trabalhar no desenvolvimento de todo o seu negócio em vez de agir de acordo com as necessidades que surgem a cada dia.

Usar seu tempo com eficiência é a diferença entre estar ocupado e dirigir um negócio eficaz.

Se você ficar continuamente executando trabalhos que precisam ser feitos apenas para satisfazer seus clientes, você não vai crescer. Isso é trabalhar *no* negócio. O que você precisa é *trabalhar seu negócio* de forma estratégica e gerenciá-lo para crescer.

Crie uma estratégia clara para a promoção do seu negócio, como uma marca, em vez de gastar todo o seu tempo em seus produtos e serviços.

"Tenho observado que muitos passam à frente durante o tempo perdido pelos outros."

Henry Ford, 1863-1947
Norte-americano fundador da Ford Motor Company. Desenvolveu a linha de montagem em série para produção em massa.

54

Seja um organizador eficiente

Como empreendedor, você precisa organizar tempo, pessoas, produtos, logística, produção, *design* e finanças. Se consegue organizar sua vida, então certamente você possui a habilidade de organizar um negócio.

Chegar a reuniões no horário, pagar contas, fechar o caixa, escrever cartas, enviar e-mails – você aprende tudo isso ao longo da vida.

Se você não consegue se organizar com facilidade, terá a mesma dificuldade em seus negócios. Você precisa estabelecer como prioridade as coisas que necessitam ser feitas para levar adiante suas ideias e fazer com que tudo aconteça.

Não enrole – organize-se e resolva o que precisa ser resolvido.

"Repetição faz reputação e reputação faz clientes."

Elizabeth Arden, 1878-1966
Mulher de negócios canadense que fundou uma empresa de cosméticos internacional e era apaixonada por corridas de cavalos.

55

Sempre peça mais

Certifique-se de que os fornecedores farão com você o melhor acordo possível. Seja criativo ao pedir algo extra. Permita que seus fornecedores mostrem quão valoroso você é e, em troca, você vai continuar a fazer negócios com eles.

Sempre compare os orçamentos de três fornecedores diferentes. Gaste tempo buscando referências para entender quais são os melhores parceiros para o seu negócio.

Peça ainda um documento de retorno sobre investimento (ROI) detalhando os benefícios financeiros que você terá ao escolher aquele fornecedor. Isso não só dá ao fornecedor certo grau de credibilidade como também ajuda você a justificar a compra que pretende fazer.

Faça com que os fornecedores trabalhem a seu favor.

"Acho que é também um ótimo momento para investir em *private equity*, ajudando companhias a crescer."

Jim Rogers, 1942-
Investidor norte-americano e comentarista financeiro, autor dos livros Investiment biker (Investidor motociclista) *e* Adventure capitalist (Capitalista de risco). *Cofundador do fundo Quantum, com George Soros.*

56

Use seu patrimônio

Em tempos de dificuldade para obter crédito, use seu patrimônio como apoio nos negócios.

Não seja apegado ao seu primeiro negócio – a chave é colocá-lo para funcionar e passá-lo adiante. Se você já fez isso uma vez, pode perfeitamente fazer de novo.

Em média, empreendedores saem do seu primeiro negócio com 7% da empresa que fundaram.

É melhor ter 10% de uma empresa de 10 milhões de reais que 100% de uma companhia de 10 mil reais. Bill Gates tem apenas 8% das ações da Microsoft e ainda é o maior acionista.

"Negócios são o dinheiro dos outros."

Delphine de Girardin, 1804-1855
Escritora francesa que escreveu peças e romances sob o pseudônimo de Visconde de Launay.

57

Use o dinheiro de outras pessoas

Não faça uso de todas as suas reservas financeiras. As coisas podem dar errado e você pode precisar de uma estratégia de apoio.

Existem centenas de grupos de investimento dispostos a conversar com empreendedores. Isso inclui empresas regionais de investimento, anjos dos negócios e agências governamentais. Aproxime-se deles com um plano sólido de negócios para ver se sua ideia vale o investimento.

Você pode ter a sorte de receber a oferta de uma quantia substancial de capital para começar e, assim, seu negócio deslanchará. Na pior das hipóteses, você poderá adquirir uma nova perspectiva para a sua ideia.

"Investidores não gostam de incertezas."

Kenneth Lay, 1942-2006
Empresário norte-americano, CEO e diretor da Enron Corporation, mais conhecido por seu envolvimento no escândalo de fraude que levou a companhia para o buraco.

58

Seja o que os investidores estão procurando

As principais perguntas que serão feitas no que diz respeito a uma oportunidade de investimento são:

• Existe uma demanda de mercado por esse produto ou serviço? Prove isso com pesquisa e dados de mercado.

• O produto ou serviço possui escala comercial? Forneça estatísticas de produção ou venda para mostrar como os custos diminuem com o aumento do volume de um mercado em crescimento.

• Você tem acesso a um bom time de administradores? Explique como.

• Você está disposto a arriscar suas próprias finanças? Se sim, você retirou o risco da sua proposta para o investidor.

• Você é a pessoa certa para fazer isso acontecer? Esse é o fator mais importante.

• Você está pronto para ser investidor?

"Segurança é, principalmente, uma superstição. Ela não existe na natureza, nem as pessoas a vivenciam. Evitar o perigo não é mais seguro, no longo prazo, que expor-se a ele. A vida é tanto a aventura como o nada."

Helen Keller, 1880-1968
Escritora norte-americana e defensora do sufrágio feminino e dos direitos trabalhistas. Foi a primeira pessoa cega e surda a se graduar como bacharel em Arte e recebeu a Medalha Presidencial da Liberdade, uma das mais altas honrarias dos Estados Unidos para civis.

59

Retire o risco de sua proposta

Limite o risco para as pessoas que você vai convidar para investir tempo e dinheiro em seu produto.

Seus objetivos são alcançáveis? Assim que você conseguir se convencer de que sim, estará preparado para retirar o risco de suas ideias para sua família, para o banco, para os fornecedores e clientes.

O risco pode não estar apenas associado aos gastos. Pode estar relacionado à confiança na longevidade do produto, à consistência no fornecimento ou às condições de mercado. Descubra quais são exatamente os obstáculos e ultrapasse-os para seguir adiante e ganhar maior envolvimento dos sócios.

As pessoas não gostam de se arriscar. É sua tarefa convencê-las de que sua proposta tem níveis aceitáveis de risco.

"Reputação é o principal e único recurso que a competição não pode desvalorizar ou destruir."

Ludwig Börne, 1786-1837
Escritor político e satirista alemão, editor de vários jornais liberais.

60

Mantenha sua reputação

Reputação é um termo financeiro usado para descrever o valor intrínseco de uma companhia, além de seus ativos – sua confiança, se você preferir.

A reputação de um negócio representa a lealdade tanto dos clientes quanto dos fornecedores. Quando investidores compram ou vendem um negócio, não estão apenas vendendo um pequeno pedaço de terra, ou um prédio, ou ações; também estão comprando reputação na forma de contratos futuros, novas aquisições, carteira de clientes e pedidos de fornecedores.

Faça tudo para manter e fazer crescer sua reputação entre você e os acionistas.

estratégia

"Um experto é um homem que cometeu todos os erros que podem existir em um campo específico."

Niels Bohr, 1885-1962
Físico dinamarquês, primeiro a aplicar a teoria quântica. Recebeu o Prêmio Nobel de Física em 1922.

61

Torne-se um experto

Torne-se um experto escrevendo artigos informativos e imparciais sobre assuntos que afetam seus clientes potenciais em determinado setor de mercado. Ofereça esses artigos gratuitamente a jornais e publicações específicas, para se certificar de que terão boa chance de ser impressos.

Ao criar esse tipo de plataforma e reforçar sua credibilidade, você envolve o coração e a mente de seus sócios e mostra a todos que conhece bem aspectos importantes de seu mercado.

Siga as linhas editoriais das publicações da área e forneça informações úteis em vez de fazer um discurso de vendedor.

"Ao me preparar para as batalhas, sempre achei que os planos eram inúteis, mas planejar é indispensável."

Dwight D. Eisenhower, 1890-1969
34º presidente dos Estados Unidos e general cinco estrelas, comandante supremo das Forças Aliadas na Europa durante a Segunda Guerra Mundial.

62

Mantenha o controle

Mantenha o controle de seu negócio monitorando e relembrando seus planos de longo prazo.

Problemas podem tomar grandes proporções e atrapalhar seu foco. Se as coisas começam a fugir do controle, você perde o *momentum* de seu negócio e acaba atacando os problemas de forma impulsiva, em vez de tentar encontrar soluções que ajudem seu negócio a crescer.

Não estar no controle o faz perder tempo e dinheiro. Volte para os trilhos o mais rápido possível.

Quanto mais você faz, mais tem coisas a fazer. Por isso, defina claramente seus objetivos e suas estratégias de crescimento para manter o foco.

"A propaganda reproduz normas e valores, aspirações e preconceitos. Ela reproduz a cultura."

Anil Ambani, 1959-
Empresário indiano, Empreendedor da Década pela Associação de Administradores de Mumbai e Ícone do Ano em 2003 pela MTV Jovem.

63

Crie uma cultura de negócios única

Invista emoção nos produtos e serviços que você oferece. Crie uma cultura de palavras e signos e uma identidade para a sua marca. Assim, ela será mais bem assimilada por clientes e parceiros.

O mundo adora negócios pouco convencionais, fundados de forma leve e divertida, mas de atuação séria.

Veja como o Google anuncia oportunidades de trabalho:

> Dez razões para trabalhar no Google – número 3: "Reconhecimento é a melhor ferramenta de motivação. Por isso criamos um espaço de trabalho divertido e inspirador, do qual você gostará de fazer parte, que inclui enfermaria com médico e dentista, massagens e ioga, oportunidades de desenvolvimento profissional, creche, espaço para lazer e muitas guloseimas para acompanhar você ao longo do dia." *

Quando você cria uma cultura de negócios única, aumenta o envolvimento de todos os seus colaboradores.

** Reproduzido com permissão do Google.*

"A diferença entre ordinário e extraordinário
é esse pequeno extra."

Jimmy Johnson, 1943-
Técnico de futebol norte-americano e locutor, autor do livro Turning the thing around: my life in football (A virada: minha vida no futebol).

64

Acabe com o constrangimento

Seu negócio pode ser rentável com base em métodos e práticas que maximizam as economias de escala para produzir produtos testados e aprovados. Seus fornecedores tendem a fazer o mesmo. Quando você quer tentar algo diferente, eles muitas vezes parecem desinteressados e pouco dispostos a ajudar.

Tente não ficar constrangido com as práticas já existentes. Busque a solução para conseguir exatamente o que você quer para começar seu negócio e satisfazer uma demanda de mercado que você sabe que existe.

Ceder pode significar a morte de sua inovação. Por isso, procure um caminho para obter exatamente o que você quer.

"O segredo para voar é aprender como se jogar no chão e errar."

Douglas Adams, 1952-2001
Romancista e dramaturgo inglês, mais conhecido como autor de O guia do mochileiro das galáxias.

65

Tente algo totalmente diferente

Expanda suas experiências tentando algo completamente diferente e fora de sua zona de conforto habitual.

Faça parte de algum grupo, tente um novo esporte, inscreva-se em uma maratona, assista a um filme, experimente uma comida diferente, compre um livro, ligue para uma empresa que você admira, vista-se de forma inusitada, faça um *test drive* de um carro ou realize um trabalho voluntário. Você precisa de uma imersão em um novo objetivo para expandir sua capacidade de pensamento criativo.

Todas essas atividades vão dar a você inspiração e vivência sobre a realidade de outras pessoas. Rompa as fronteiras de suas próprias experiências e busque caminhos e conexões para novas oportunidades.

"Mantenha seus amigos próximos e seus inimigos mais próximos ainda."

Sun Tzu, 544-496 a.C.
Autor chinês de A arte da guerra, *livro antigo bem influente sobre estratégia militar.*

66

Mantenha próximos seus concorrentes

Conheça seus concorrentes, tanto profissional quanto pessoalmente. Eles são uma boa fonte de novos clientes. Muitas vezes, os concorrentes tentarão contato com você, já que poderão precisar de ajuda para atender ao excesso de demanda ou para a prestação de serviços especializados que eles não podem oferecer.

O contrário também pode acontecer, quando você oferece um serviço pela primeira vez e precisa pedir ajuda ao concorrente para conseguir fechar o negócio e reter um cliente.

Saber o que os concorrentes estão planejando ajuda você a se organizar para o futuro.

"Recusar-se a pedir ajuda quando você precisa é recusar a alguém a chance de ser útil."

Ric Ocasek, 1949-
Músico norte-americano, ex-vocalista do The Cars e produtor de vários grupos de sucesso.

67
Terceirize

Você pode ficar surpreso com o alívio que dá superar novos obstáculos. Porém, quando reconhecer a necessidade de técnicas que não possui, terceirize a tarefa para encontrar um auxílio complementar.

Apegue-se a estas três regras de ouro para a melhor prática:

1. Procure um parceiro de negócios, não apenas um fornecedor.

2. Defina expectativas e objetivos claros e entre em acordo sobre eles com seu parceiro.

3. Desenvolva uma relação de negócios baseada na confiança mútua.

No fim das contas, você mesmo pode ser capaz de executar essas funções.
Existem boas empresas de consultoria. Procure aquela que seja ideal para seu negócio.

"Negócios são como andar de bicicleta.
Ou você segue em frente ou cai."

Frank Lloyd Wright, 1867-1959
Arquiteto e designer *de interiores, considerado o melhor arquiteto de todos os tempos pelo Instituto Americano de Arquitetos.*

68

Ligue para alguém agora

Pegue o telefone e ligue para alguém que você respeita no mercado para se apresentar e falar sobre seus produtos.

Certifique-se de que essa conversa tenha um motivo, que seja relevante e personalizada, e você poderá encontrar um novo cliente, um novo membro para sua rede de relacionamentos, algumas informações recém-saídas do forno sobre o mercado em que trabalha ou alguém que possa passar seus dados a outros contatos interessados.

Fazer contatos tem lugar de destaque no seu negócio. Identifique alguém de seu *networking* que você ainda não tenha encontrado e convide-o para almoçar. Assim você poderá descobrir o que ele faz, como isso está relacionado a você e de que modo ambos podem se ajudar mutuamente.

"Médicos e cientistas disseram que quebrar a barreira dos 4 minutos para correr 1.600 metros era impossível, que uma tentativa poderia levar à morte. Assim, quando me levantei da pista, depois de desmaiar na linha de chegada, percebi que estava morto."

Sir Roger Bannister, 1929-
Atleta britânico, mais conhecido por ser o primeiro homem a correr 1.600 metros em menos de 4 minutos. É também neurologista e professor do Pembroke College, em Oxford.

69

Ultrapasse as fronteiras

Ao fazer um pedido a um fornecedor, você pode ouvir a seguinte frase: "Nós não trabalhamos assim". Pergunte a eles por que não: talvez ninguém nunca tenha feito essa pergunta antes. Você não vai querer ficar em um caminho que satisfaça as necessidades do fornecedor mas não as suas próprias necessidades.

Mantenha-se firme nas especificações originais de seu produto, mesmo que isso possa parecer difícil.

A dificuldade em criar um novo produto ou serviço pode significar duas coisas: ou não existe demanda de mercado, ou você achou uma verdadeira inovação. Se você tem certeza de que a última alternativa é a correta, persiga sua ideia insistentemente.

"Uma maneira de começar é parar de falar
e começar a fazer."

Walt Disney, 1901-1966
Vencedor de vários Oscars, produtor premiado, diretor, roteirista, animador, dublador, filantropo, empresário e empreendedor.

70

Faça melhor que a concorrência

Sempre que estiver aplaudindo uma pessoa, um produto, um serviço, uma ideia ou um grande feito, pergunte a si mesmo: "Eu poderia fazer melhor?". Se a resposta for positiva, então vá em frente e faça.

Quando seus concorrentes lançarem novidades, encontre uma maneira de retomar a vantagem. Questione continuamente a relevância de seus principais produtos e serviços, para que você fique à frente do mercado.

A primeira geração de MP3 *players* teve uma boa e crescente margem do mercado por quatro anos. Um dia, o iPod foi lançado. Você saberia dizer o nome de outras cinco marcas de MP3 *players*?

Não acompanhe apenas o passo dos concorrentes, lidere-os.

marketing

"Se você constrói uma grande experiência,
os clientes contarão para outras pessoas sobre ela.
A palavra é muito poderosa."

Jeff Bezos, 1964-
Fundador do site de vendas Amazon.com e da empresa de pesquisa espacial Blue Origin.

71

Preconize seus serviços

Se você não consegue se entusiasmar em relação aos seus serviços, como pode esperar que seus clientes se entusiasmem e espalhem a novidade aos outros?

Use diariamente produtos e serviços criados por você. Coma, viva e respire seu negócio – seja o usuário mais devotado de seus produtos.

Seja o consumidor mais crítico para testar os produtos e serviços que você oferece. Tente ver seu negócio de fora, como consumidor, e não como dono.

Assim você poderá ser um verdadeiro divulgador daquilo que oferece.

"Eu não sou atriz. Não acredito que seja. Acho que criei uma marca e um negócio."

Pamela Anderson, 1967-
Atriz canadense, modelo e empreendedora.

72

Crie uma marca

Se você consegue responder às duas perguntas seguintes, possui uma verdadeira marca:

- Para que servem seus produtos e serviços?
- Por que alguém deveria se interessar por seus negócios?

Crie a identidade de sua marca em torno das respostas para ganhar uma base de consumidores fiéis.

Por que compramos produtos da Submarino.com? É porque eles são melhores ou porque a empresa abraça a ética do comércio justo? Na verdade, é uma combinação dos dois motivos, por meio de campanhas de marketing e cobertura de imprensa cuidadosamente moldadas para criar uma marca coesa.

Uma marca é desenvolvida e alimentada por intermédio de interações entre consumidores. Portanto, tenha cuidado para garantir que todas as suas mensagens sejam consistentes.

"Atitudes são contagiosas. Vale a pena pegar a sua?"

Anônimo

73

Crie o envolvimento do consumidor

Se um consumidor se sente envolvido com uma empresa, ele se torna leal aos seus produtos e serviços.

Envolva seus consumidores de forma ativa em todos os aspectos de seu negócio: faça com que falem sobre ele e mantenha-os emocionalmente conectados com uma comunicação regular, uso de *newsletters*, ligações telefônicas, e-mails personalizados, mídias sociais e questionários.

Se você tiver oportunidade de ir à Fruit Towers, sede da marca de bebidas Innocent, poderá se sentar, relaxar e provar uma de suas novas bebidas. A Innocent o convida insistentemente a fazer isso a cada garrafa comprada. Na verdade, são poucas as pessoas que efetivamente aparecem todo ano, mas o convite está lá para fazer com que os clientes se sintam bem-vindos e parte da experiência da Innocent.

"Um dos maiores segredos da vida é que o que realmente vale a pena fazer é o que fazemos pelos outros."

Lewis Carroll, 1832-1898
Pseudônimo do escritor britânico Charles Dodgson. Matemático e inventor, autor dos romances Alice no País das Maravilhas *e* Alice no País dos Espelhos *e do poema "Jabberwocky".*

74

A marca é uma promessa

Se você pode fornecer de forma consistente os ideais de sua marca para suprir as expectativas dos consumidores, eles efetivamente comprarão sua ideia.

A marca é um compromisso contratual entre uma empresa e seus clientes. Cada vez que os consumidores compram um produto ou serviço, sabem que suas necessidades serão supridas em termos de satisfação, experiência e qualidade.

Veja os anúncios mais recentes da briga entre Mac e PC. Nas propagandas da Apple, os computadores são retratados como divertidos, atuais e como parte de sua vida digital; o PC é retratado como o estereótipo da ferramenta de negócios. A Microsoft respondeu com a campanha "Eu sou um PC", mostrando gente comum e celebridades usando seus produtos.

"Sempre gostei do espírito competitivo que existe neste negócio. Você sabe que, nas reuniões, costumo estimular as pessoas dizendo: 'Ei, podemos fazer melhor que isso. Como ainda não somos os primeiros?'. É isso que faz com que meu trabalho seja um dos mais interessantes do mundo."

Bill Gates, 1955-
Empresário norte-americano, filantropo, autor e fundador da empresa de software Microsoft.

75

Lute com os pesos pesados

Busque competitividade em um nível acima de suas expectativas para ter maiores recompensas. Posicione-se ao lado de produtos e serviços que lideram o mercado e, de quebra, ganhe credibilidade.

Colocando-se em circunstâncias que o motivam a trabalhar mais duro, talvez em um mercado maior, você moverá para a frente, exponencialmente, seus negócios.

Varejistas são muito eficientes no desenvolvimento de produtos de marca própria, que são bem parecidos com os das marcas tradicionais e dividem o mesmo espaço que eles, mas em geral são mais baratos. O truque é a associação: os produtos do próprio varejista se beneficiam de não ter o custo de marketing que possuem as outras marcas.

"O mundo é mais maleável do que você pensa e só está esperando que você dê forma a ele."

Bono, 1960-
Nome artístico de Paul Hewson, vocalista da banda de rock irlandesa U2, ativista em assuntos da África e cofundador de iniciativas conscientizadoras como a EDUN e a Product Red.

76

Crie um boato

O boca a boca é uma poderosa ferramenta de marketing que todo empreendedor deve aprender a usar. É de baixo custo e trabalha até enquanto você está dormindo.

O marketing viral ocorre quando os consumidores vestem a camisa do produto ou serviço que admiram e passam adiante a informação a outros interessados.

Converse com amigos, eduque formadores de opinião, plante uma história na mídia, mande uma *newsletter*, entre em uma competição ou comece um blog. Encoraje seus clientes a fazer o mesmo. Aprenda sobre técnicas de marketing viral e faça com que elas trabalhem para você de forma positiva.

"Se queremos que uma mensagem de amor seja ouvida, ela deve ser falada. Para manter uma lamparina acesa, precisamos abastecê-la."

Madre Teresa, 1910-1997

Freira católica albanesa, com cidadania indiana, que fundou os Missionários da Caridade em Calcutá e ficou mundialmente conhecida por seus trabalhos humanitários em favor dos pobres. Ganhou o Prêmio Nobel da Paz e foi beatificada pelo Papa João Paulo II como Abençoada Teresa de Calcutá.

77

Seja ouvido

Não grite para ser ouvido; comunique-se com inteligência utilizando mensagens consistentes que se destaquem no barulho de fundo da concorrência.

Use suas qualidades únicas como plataforma para a comunicação de marketing. Escreva a história de como sua ideia nasceu, no formato de *release* de imprensa, para estimular a ligação emocional dos clientes com as dificuldades e sucessos de sua jornada.

Richard Branson tornou-se manchete de jornais quando foi anunciado que o avião Concorde viraria sucata. Ele simplesmente pediu ao seu departamento de marketing que espalhasse a notícia de que iria comprar a frota de Concordes da British Airways por 1 libra. Essa história presunçosa, mas brilhante, fez com que a Virgin ganhasse muitos pontos em relação à British Airways e trouxe à marca de Branson uma imagem de empreendedorismo.

"Você agora precisa decidir qual 'imagem' quer para sua marca. Imagem significa personalidade. Produtos, assim como pessoas, têm personalidade e podem construí-la ou destruí-la no mercado."

David Ogilvy, 1911-1999
Publicitário inglês, a quem a Time *chamou de "o mágico mais procurado na indústria de publicidade dos dias de hoje". Sua agência desenvolveu campanhas para empresas como Schweppes e Dove. Era famoso pelo bordão "Odeio regras".*

78

Crie uma família de produtos

Depois de conquistar o sucesso com seu primeiro produto ou serviço, aumente o apelo para um público-alvo diferente.

A diversificação pode ser tão simples quanto uma mudança de embalagem, o reposicionamento do produto para um público alternativo ou até mesmo para outro mercado.

Veja os produtos da Microsoft Office, desenvolvidos primeiro para a área de negócios e depois relançados para vários grupos de usuários: Office Professional, Office Home and Student, Office Small Business, Office Standard.

Consumidores leais também vão apoiar os novos produtos se você puder oferecer uma variação relevante deles e fornecer motivos convincentes para que comprem a nova versão.

Diversificar sua linha de produtos pode ser uma boa estratégia de crescimento e permitir que você entre em novos mercados.

"Tenha muito, muito cuidado com o que você põe naquela cabeça, porque nunca vai conseguir retirar depois."

Thomas Cardinal Wolsey, 1471-1530
Político inglês, cardeal católico, conselheiro de Henrique VIII e habilidoso diplomata. Foi afastado de suas funções depois de falhar na obtenção do divórcio do rei com Catarina de Aragão.

79

Crie suas próprias relações públicas

Todo negócio precisa de publicidade para espalhar seu conceito. Relações públicas eficazes ajudam você a ganhar novos negócios e a construir confiança e credibilidade.

Prepare um *release* de imprensa, use serviços de divulgação gratuitos e responda às chamadas de jornais e revistas que ofereçam cobertura editorial relevante para sua base de clientes.

Editores adoram ouvir histórias reais de fundadores de negócios. Você pode contar como conquistou um novo cliente ou como contratou um novo funcionário. Trabalhe com jornais locais para ter cobertura em sua área e adquira mais experiência antes de experimentar o mercado nacional.

"Não é a espécie mais forte que sobrevive, nem a mais inteligente, mas aquela mais adaptável às mudanças."

Charles Darwin, 1809-1882
Naturalista e geólogo britânico que desenvolveu a teoria da seleção natural, base da teoria evolucionista moderna, e autor de A origem das espécies *e* A descendência do homem.

80

Seja positivamente inquieto

Crie a desordem no campo em que quer ser ouvido. Faça uma entrada triunfal e mude a forma de as pessoas fazerem negócios em seu mercado. Crie um boato sobre sua ideia por intermédio da imprensa.

A Xerox comercializou o primeiro mouse para computadores pessoais, mas não promoveu a tecnologia porque teve medo de prejuízos futuros para seu mercado de copiadoras. Em contrapartida, a Apple, que já começou como empresa de computadores, tem reinventado continuamente seu hardware e software, desenvolvendo mudanças radicais em produtos e mercados.

Muitos resistem à mudança – como empreendedor, você deve criá-la.

Vendas

"A fórmula para o sucesso: prometa pouco e entregue mais."

Tom Peters, 1942-
Escritor e consultor norte-americano, mais conhecido pela coautoria do best-seller Re-imagine.

81

Prometa pouco e entregue mais

Se você sempre supera as expectativas dos clientes, eles terão poucas razões para buscar a concorrência.

Pense em maneiras sutis de agregar valor aos seus clientes. Por exemplo, uma concessionária de automóveis pode entregar seu veículo novo com um buquê de flores no banco de trás, como um presente inesperado. Dessa maneira, a empresa gera satisfação com baixo custo.

As possibilidades são infinitas. Use um pouco de criatividade para certificar-se de que seus clientes recebam mais do que esperam de maneira positiva.

Tenha cuidado para não elevar muito as expectativas, para que você seja consistente no que fornece. Se você fica aquém das expectativas de um consumidor, a pena é a possível perda de mercado.

"Não importa qual é o seu produto, você sempre estará no ramo da educação. Seus clientes precisam ser constantemente educados sobre as várias vantagens de fazer negócio com você. Eles devem ser treinados a usar seus produtos com mais eficiência e ensinados sobre como melhorar a vida com eles."

Robert G. Allen, 1948-
Escritor canadense-americano sobre investimento financeiro, autor de Nothing down (Nada abaixo) *e coautor de* Milionário em um minuto.

82

Venda benefícios, não recursos

Todos os produtos e serviços são soluções para problemas do dia a dia. Seus clientes não precisam saber necessariamente como você irá resolver esses problemas, mas precisam saber que você vai resolvê-los.

Tente vender as propriedades da água de torneira: combinação fria de hidrogênio e oxigênio em estado líquido. Não é um produto muito convidativo. Termos técnicos podem afugentar as pessoas. Contudo, se você promover a água de torneira como boa para o meio ambiente, refrescante, bebida leve e gratuita, que o ajuda a se hidratar e mata a sede, estará resolvendo os problemas dos consumidores.

Crie as bases do seu discurso de vendas dizendo o que é seu produto ou serviço e como ele resolve um problema específico.

"Viver na Terra pode ser caro, mas inclui uma viagem anual gratuita em torno do Sol."

Ashleigh Brilliant, 1933-
Escritor e cartunista britânico, mais conhecido pelos Pot-shots, *epigramas cômicos ilustrados, e por livros como* I may not be totally perfect, but parts of me are excellent, and other brilliant thoughts (Posso não ser totalmente perfeito, mas partes de mim são excelentes e outros pensamentos brilhantes).

83

Gere boa vontade

Clientes que recebem um bônus inesperado quando estão fazendo negócios com você sempre se lembrarão de que você foi além da concorrência.

As expectativas dos consumidores estão muito mais altas hoje do que alguns anos atrás. Eles estão conscientes do valor do serviço bem-feito e reclamarão quando não estiverem satisfeitos.

Tente uma oferta do tipo "compre um e leve outro grátis" ou leve um cliente a um restaurante bacana. Organize um seminário gratuito para seus dez melhores clientes. Revele detalhes do seu negócio.

Faça coisas que o destaquem – os concorrentes podem estar fazendo o mesmo. Por isso, seja criativo.

"Nas vendas, o testemunho é a chave para a porta da resistência."

Bo Bennett, 1972-
Empreendedor norte-americano, palestrante motivacional e autor de Year to success (Ano de sucesso).

84

Peça um testemunho

Quando você fornece um serviço de qualidade a seus clientes, eles ficarão felizes em relatar isso a outras pessoas, mesmo sem você pedir.

Quando um consumidor elogiar você por seus serviços, peça que escreva isso para que você use como testemunho em seu material de marketing.

Após cada venda, pergunte ao consumidor por que ele o escolheu em vez da concorrência. Essa é uma simples pesquisa de mercado. Se você vende algum produto de giro rápido, crie um cartão fidelidade que dê prêmios aos compradores. Use as informações dadas por eles em *releases* de imprensa. Você ficará surpreso com a eficiência desse mecanismo na prática.

"Se é de graça, é conselho; se você paga por ele, é consultoria; se você pode usar um ou outro, é um milagre."

Jack Adams, 1895-1968
Jogador de hóquei canadense que foi técnico e diretor do Detroit Red Wings por 36 anos e se tornou presidente da Central Hockey League.

85

Dê conselhos gratuitos a clientes

Crie um seminário informativo para sua base de clientes. Use esse fórum para comunicar a disponibilidade de novos produtos e serviços.

Peça a um de seus clientes que fale sobre um elemento importante de seu mercado. Ele se sentirá honrado por ter sido escolhido entre tantos outros.

Mantenha os custos baixos, oferecendo seminários *on-line*. Uma empresa que conheço faz apresentações *on-line* de seu produto a cada 15 dias. Ela envia e-mails a interessados e pergunta o que eles gostariam de ter para o café da manhã – o pedido chega à mesa dessas pessoas às 8h30, no mesmo horário em que começa o seminário. Isso foi comprovado como excelente método de fazer com que as pessoas se envolvam em seu negócio.

Faça coisas inesquecíveis e seus clientes não vão se esquecer de você.

"O melhor time vem de homens que trabalham de forma independente em direção a um objetivo comum."

James Cash Penney, 1875-1971
Empreendedor norte-americano, fundador das lojas J. C. Penney.

86

Torne-se parte do time

Demonstre que você está aí para ajudar os clientes a aumentar os próprios lucros e resolver seus problemas. Torne-se indispensável e eles começarão a ligar para você em busca de conselhos em vez de você ligar para eles para vender algum produto.

Suas ideias podem salvar o dia em uma situação difícil nos negócios. Reúna seus conceitos e sua habilidade para resolver problemas relacionados a seus produtos e serviços e você fornecerá um serviço de consultoria aos clientes.

Quanto mais integrado você estiver com os negócios de seus clientes, mas difícil será para um concorrente entrar em seu território.

"Esteja em todos os lugares, faça de tudo, nunca falhe em surpreender o cliente."

Lema da cadeia norte-americana de lojas Macy's

87

Crie um excelente serviço de atendimento ao consumidor

Faça com que os clientes voltem tendo a certeza de que seus produtos ou serviços funcionaram bem para eles. Se os problemas deles persistirem, mostre-se preocupado e forneça novas soluções por sua conta.

Se você é o dono do negócio e um problema ocorre com seus produtos e serviços, vá visitar o cliente. Você é o responsável, e o cliente gostará do fato de você ter dedicado parte de seu tempo para compensar o problema e tentar resolvê-lo. A satisfação dos clientes é de sua responsabilidade.

"A amizade com base em negócios é melhor que negócios com base na amizade."

John D. Rockefeller, 1839-1937
Empresário norte-americano e filantropo, fundador da Standard Oil Company e o primeiro bilionário do continente.

88

Não tenha clientes, tenha amigos

Negócios são feitos por pessoas. Encontre seus colaboradores e clientes fora do ambiente de trabalho e desenvolva com eles uma relação mais pessoal.

Isso parece difícil, mas é necessário construir relacionamentos pessoais para maximizar os relacionamentos de negócios.

Muitas empresas convidam clientes atuais e futuros para partidas de golfe, eventos de corrida e outros tipos de campeonato. Eventos corporativos são um tempo fora dos negócios com aqueles com quem você faz negócios. Adapte essa ideia ao seu tipo de cliente.

Convide clientes potenciais para eventos locais. Mesmo que eles não possam ir, não se esquecerão de que você os convidou.

"Nunca trabalhei um dia na minha vida sem vender. Se acredito em algo, vendo isso, e vendo caro."

Estée Lauder, 1906-2004
Norte-americana, cofundadora da empresa de cosméticos que leva seu nome. A única mulher na lista dos 20 empresários mais influentes e geniais do século XX elaborada pela revista Time.

89

Feche negócio

Venda é apenas uma conversa. Converse com o consumidor e responda a todas as perguntas que ele possa fazer. Quando for o momento certo, tente fechar negócio. O máximo que pode acontecer é o consumidor dizer não.

Se você receber uma negativa, descubra quais são as objeções do consumidor e tente enfrentá-las. Quando você tiver uma segunda chance, o consumidor terá poucas razões para dizer não.

Você precisa das vendas para sobreviver. Portanto, se os nãos persistirem, não perca mais tempo – deixe esse cliente para lá e encontre outro mais interessado.

"Vamos nos mover da era da confrontação
para a era da negociação."

Richard M. Nixon, 1913-1994
37º presidente dos Estados Unidos, único presidente norte-americano a renunciar ao cargo, em razão das denúncias do escândalo de Watergate.

90

Negocie cada oportunidade

Quando está comprando e vendendo, você está fazendo comércio. A negociação garante que esse comércio seja justo.

Seja criativo na negociação e não negocie o preço. Em vez disso, ofereça um desconto no contrato ou um brinde. Dinheiro é quem manda. Mantenha o preço alto para maximizar o capital de giro e ofereça itens que você possa incluir gratuitamente.

A negociação não implica derrotar a outra parte e levá-la à submissão. A chave é deixar ambos os lados satisfeitos, com a certeza de que os dois ganharam com o processo – uma situação ganha-ganha.

sucesso

"Ser um superatleta requer concentração total. E alguns sacrifícios. Sofri bastante, mas aqui está o resultado. Nunca desista, faça com que seus sonhos se tornem realidade."

Alain Robert, 1962-
Conhecido como "Homem-Aranha", esse francês escalou 85 arranha-céus, incluindo muitos dos prédios mais altos do mundo, a maioria sem cordas e apoios.

91

Adote a perspectiva correta

Na fase inicial de seu negócio, a emoção é uma aliada poderosa, mas, em tempos de sucesso e de derrotas, ela pode deixá-lo confuso. Por isso, lembre-se: as coisas nunca são tão boas ou tão ruins como parecem.

Ouça seu coração e você saberá dar o valor correto para cada situação. Em alguns momentos, perder uma fatia do mercado pode ser melhor que lutar por ela. O contrário também vale: ganhar uma nova fatia de mercado pode significar excesso de expansão em momentos de crise econômica.

Mantenha tudo em perspectiva. Tente ver a situação de fora – seja mais objetivo que subjetivo.

"O único lugar em que o sucesso vem antes
do trabalho é no dicionário."

Vince Lombardi, 1913-1970
Técnico de futebol norte-americano, comandou o Green Bay Packers e era famoso pela habilidade motivacional e pelo comprometimento com a vitória.

92

Trabalho duro gera recompensas

Dois terços da população ativa prefeririam estar fazendo outra coisa em vez do seu trabalho. Será que essas pessoas trabalham duro para as empresas que as empregam?

Encontre alguns empreendedores autônomos e pergunte a eles se gostam do trabalho que fazem. Você provavelmente vai ouvir que o trabalho é duro e interminável, mas que as recompensas, tanto financeiras quanto sociais, são fantásticas e eles não veem a hora de ir para o trabalho todos os dias.

Existem poucos atalhos para o sucesso, mas procurá-los é um dos caminhos para fazer avançar o trabalho duro.

“Algumas pessoas se curvam depois de fazer um pedido tímido. Elas desistem muito rápido. Continue perguntando até encontrar as respostas. Em vendas, sempre haverá quatro ou cinco ‘nãos’ antes de um ‘sim’.”

Jack Canfield, 1944-
Palestrante motivacional norte-americano e treinador de sucesso, um dos criadores da série de livros Chicken soup for the soul (Histórias para aquecer o coração) *com Mark Victor Hansen.*

93

Quando as pessoas disserem “não”, pergunte de novo

Se seus clientes estão colocando barreiras, descubra o porquê – a negativa deles pode não ter o motivo que você esperava.

Você precisa ter a habilidade de valorizar e considerar uma objeção antes de superá-la.

Talvez você pense que se trata de uma objeção que seja crítica para os custos, quando na verdade pode se tratar apenas de uma objeção temporária, que acontece na fase do orçamento. Você ainda não conhece aquilo que não sabe, portanto, pergunte.

Lembre-se: no mundo dos negócios é muito mais fácil dizer não. Seja aberto o suficiente para fazer perguntas difíceis e confrontar as respostas com raciocínio criativo.

"Sempre trabalhei muito, muito duro, e, quanto mais trabalhei, mais sorte tive."

Alan Bond, 1938-
Homem de negócios do ramo imobiliário australiano, fundador da empresa The Bond Corporation e premiado como Australiano do Ano por patrocinar a Copa América de Iatismo.

94

Crie sua própria sorte

A sorte e a chance são partes importantes em seu sucesso.

Quanto mais você trabalha, mais haverá momentos em que as coisas naturalmente estarão onde deveriam estar com pouquíssimo esforço. Na maior parte dos casos, isso é apenas o resultado de toda a atividade na qual você investiu para fazer sua empresa crescer.

Mesmo se perder uma venda, mantenha contato com o cliente potencial e ofereça-se para ajudá-lo no futuro. Você será o próximo da fila se o concorrente falhar na entrega, na próxima vez.

Todos nós conhecemos pessoas que são naturalmente sortudas, mas quem faz as coisas parecerem mais fáceis são, em geral, as que trabalham mais.

"Uma jornada de 1.600 quilômetros começa com um único passo."

Lao-Tsé, 600 a.C.
Filósofo chinês, autor do Tao Te Ching, *o livro mais traduzido depois da Bíblia.*

95

Aprecie as pequenas vitórias

As pequenas vitórias são os tijolos de grandes conquistas. Depois de cada uma delas, siga em direção ao próximo paso e adquira mais confiança em sua jornada de negócios.

Celebre novos contratos, novos funcionários, novos clientes – e até mesmo o fato de que é sexta-feira. Celebre o aniversário de fundação do seu negócio e convide os clientes.

Quando as coisas não estiverem correndo bem, lembre-se desses pequenos triunfos e de como você agiu para alcançá-los, para certificar-se de que você tem confiança suficiente para superar problemas triviais.

A cada passo que você dá, mais próximo fica do alvo. Se ficar parado, nunca chegará mais perto.

"Algumas vezes, as perguntas são complicadas
e as respostas são simples."

Theodor Seuss Geisel, 1904-1991
Escritor e cartunista norte-americano, mais conhecido pela coleção de livros infantis escritos sob o pseudônimo de Dr. Seuss, como Horton choca um ovo *e* O gato de chapéu.

96

Crie soluções para seus problemas

Se você pode resolver um problema que afeta milhões de pessoas, então tem um produto e um mercado.

James Dyson viu um problema com os aspiradores de pó e descobriu uma maneira de acabar com o tempo, o custo e a sujeira gerados pela troca do filtro. Ao eliminar o filtro, Dyson resolveu um problema simples com tecnologia complexa e rotulou isso de solução honesta para o consumidor.

Descubra o que frustra as pessoas e veja se existe uma oportunidade para você criar uma maneira melhor de fazer o serviço.

"Parte do conseguir é ser capaz de estabelecer metas realistas, mas isso é uma das coisas mais difíceis de fazer, porque você nem sempre sabe para onde está indo e para onde não deve ir."

George Lucas, 1944-
Diretor norte-americano, produtor e roteirista de filmes, criador da saga Star Wars *e dos filmes do personagem Indiana Jones.*

97

Estabeleça metas realistas e alcançáveis

Não existe nada mais frustrante que falhar em alcançar uma meta pessoal, por razões que estão além de seu controle. O mesmo acontece com as metas de negócios.

Sempre estabeleça metas que você possa alcançar em um período de tempo definido e sobre as quais você tem o máximo controle possível.

Fazer 1 milhão em um ano não é algo facilmente alcançável: tente fazer 1 milhão em cinco anos, então. Como fazer isso? Por onde começar? Quais objetivos você pode estabelecer para guiá-lo no caminho dessa aspiração maior?

Estabeleça metas pequenas, mas alcançáveis, para aumentar sua confiança, com vitórias pequenas, porém significativas.

"Cada meta cumprida, grande ou pequena, tem seus estágios de monotonia e de triunfo; um começo, uma luta e a vitória."

Mahatma Gandhi, 1869-1948
Líder político e espiritual da Índia e de seu movimento de independência. Seu aniversário, dia 2 de outubro, é feriado nacional no país e Dia Internacional da Não Violência.

98 Encare o desafio

Haverá períodos mais desafiadores em qualquer negócio, mas principalmente no início. É imperativo que você foque suas metas. Haverá épocas em que os concorrentes irão ultrapassá-lo ou até mesmo a natureza conspirará contra o seu negócio. Esses desafios estarão fora de seu controle.

Aprenda com o fracasso e trabalhe-o em seu favor. Algumas pessoas tomam o caminho mais fácil para o que faziam antes, quando as coisas dão errado. Tenha coragem para persistir e obter sucesso e crie um mundo diferente para você.

"Empreendedorismo é viver alguns anos da vida como a maioria jamais viveria, para que você possa gastar o resto da vida como a maioria não poderá."

Anônimo

99

Faça tudo para tornar sua ideia real

Você decidiu iniciar sua aventura. Essa é uma oportunidade para criar o próprio destino desde o começo e nos seus próprios termos.

Existem algumas regras corriqueiras nos negócios, por isso, você precisa fazer tudo para que seu negócio seja um sucesso. Se você investir tempo, dinheiro e emoção, ele ganhará vida.

Você é o melhor advogado de seu negócio, então viva e respire seu produto ou serviço para mostrar ao mundo quão entusiasmado você está em relação a ele.

"A maior recompensa em se tornar milionário não é a quantidade de dinheiro que você ganha. É o tipo de pessoa em que você tem de se transformar para se tornar milionário em primeiro lugar."

Jim Rohn, 1930-
Empreendedor norte-americano e palestrante de desenvolvimento pessoal.

100

Torne-se empreendedor

Que tipo de pessoa você precisa ser para alcançar o sucesso? Você nasceu inovador ou ainda precisa aprender os ofícios para o empreendedorismo?

A aventura de fundar o próprio negócio é mais que apenas financeira; é um desafio pessoal. Você pode querer trabalhar para si mesmo, pode querer trabalhar duro por alguns anos e depois relaxar; ou pode querer mudar a maneira como o mundo trabalha. Em qualquer um dos casos, seja ousado.

Quando você age como empreendedor, fazendo e dizendo coisas que levam sua ideia adiante, as pessoas o enxergam como empreendedor.

Você não nasce empreendedor, torna-se um.

Este livro foi impresso pela Arvato do Brasil Gráfica
em papel *offset* 75 g.